KB040432

아이 캔 두 잇

I CAN DO IT
- How To Use Affirmations To Change Your Life
by Louise L. Hay and Friends
Copyright ⓒ 2004 by Louise L. Hay
Original English Language Publication 2004
by Hay House, Inc., California, USA.
Korean translation rights arranged with Hay House, Inc,
USA and Kmiraclemorning Publishing Seoul Korea
through Interlicense Ltd.
Korean Edition Published by Kmiraclemorning Publishing

Louise L. Hay

아이 캔 두 잇

루이스 헤이 지음 | 고정욱 옮김

I CAN DO IT

케이미라클모닝

* affirmation은 우리말로 확언, 선언, 긍정의 뜻을 가지고 있다. 그러나 영어 원문을 정확한 의미를 담은 우리말 표현으로 번역하기 어려웠다. 저자는 이 세 가지 의미를 다 포함하여 affirmation을 사용했기 때문이다. 그래서 역자 는 긍정확언이라는 용어로 그나마 저자의 뜻을 옮겨 보았다.(역자 주)

이 작은 책을

계속 성장하는 독자들에게 바칩니다.

내 소망은 모든 사람들이 긍정확언을 사용하여

자신을 위해 사랑, 평화, 기쁨, 부유함,

그리고 안정감 만드는 방법을

배우는 것입니다.

목차

머리말
긍정확언의 힘

오늘은 새로운 날입니다. 즐겁고 충실한 삶을 창조하기 위해 시작하는 날입니다. 모든 구속을 해제하기 위한 날입니다. 또한 여러분이 인생의 비밀을 새롭게 배우는 날이기도 합니다. 여러분은 삶이 더 나아지도록 변화시킬 수 있습니다. 이미 그 도구들을 여러분 내부에 갖고 있습니다. 그것은 바로 여러분의 생각과 믿음입니다. 이 책은 이 도구들을 사용하여 여러분 삶의 질을 향상시키는 방법을 알려 드릴 겁니다.

긍정확언의 혜택에 익숙하지 않은 분들을 위해, 조금 더 설명해 드리겠습니다. 긍정확언은 실제로 여러분이 말하거나 생각하는 모든 것입니다. 우리가 보통 말하고 생각하는 것 중에는 매우 부정적이고 좋은 경험으로 이어지지 못하는 것도 많습니다. 우리의 삶을 바꾸고 싶다면 생각과 말을 긍정적인 형태로 다시 바꾸어야 합니다. 긍정확언은 문을 열어줍니다. 이것은 변화로 가는 길의 시작점입니다. 본질적으로 나의 잠재의식에 다음과 같이 말하고 있는 것입니다.

"나는 책임을 지고 있다. 무언가를 바꾸기 위해 내가 할 수 있는 무언가가 있다는 것을 알고 있다."

긍정확언을 할 때 말하는 행위는 의식적으로 언어를 선택한다는 뜻입니다. 언어는 당신의 삶에서 무언가를 없애거나 새로운 것을 만들어 주는 데 도움이 되니까요. 당신이 생각하고 말하는 모든 생각과 언어는 긍정확언입니다.

자신과의 대화, 내적 대화는 모두 긍정확언의 또 다른 형태입니다. 알게 모르게 우리는 매 순간 긍정확언을 사용하고 있습니다. 말과 생각으로 당신의 삶을 확언하고 창조하고 있는 것입니다. 당신이 믿는 것은 어린 시절에 배운 습관적인 사고 패턴일 뿐입니다. 그 중 많은 것들이 당신에게 잘 작동할 따름입니다. 그러나 또 다른 믿음은 당신이 원하는 것을 만들어내는 능력을 제한할 수도 있습니다. 당신이 원하는 것과 당신이 받을 가치가 있다고 믿는 것은 많이 다릅니다. 원하든 원하지 않든, 당신의 생각에 주의를 기울여야 합니다.

모든 불평은 당신이 삶에서 원하지 않는 것을 부정확언하는 것임을 기억하세요. 화가 날 때마다, 당신은 더 많은 분노가 필요하다고 부정확언하는 것입니다. 피해자라고 느낄 때마다, 당신은 계속해서 피해자처럼 느끼길 원한다고 부정확언하고 있습니다. 만약 당신이 삶에서 원하는 것을 받지 못한다고 느낀다면, 당신은 다른 사람들에게 제공되는 좋은 것들을 결코 소유하지 못할 것입니다. 즉, 당신이 원하지 않는 결과를 당신 스스로 계속해서 만들어내고 있다는 뜻입니다. 생각하고 말하는 방식을 바꿔야만 합니다.

　당신이 그렇게 생각한다고 해서 나쁜 사람이란 뜻은 아닙니다. 그저 어떻게 생각하고 말해야 하는지 배운 적이 없을 뿐입니다. 전 세계 사람들은 우리의 생각이 우리의 경험을 만든다는 사실을 최근에 와서야 깨닫기 시작했습니다. 당신의 부모님이 이를 알지 못했기 때문에, 당신에게 가르칠 수 없었을 뿐입니다. 그들은 자신의 부모님이 그들에게 가르친 방식 그대로의 세계관을 당신에게 주입했을 것입니다. 그러니 누구의 잘못도 아닙니다. 그러나 이제는 우리 모두가 깨어나서 우리를 기쁘게 만들고 도움이 되는 방향으로 삶을 의식적으로 이끌어야 할 때입니다. 당신은 할 수 있습니다. 저도 할 수 있습니다. 우리 모두할 수 있습니다. 이제는 어떻게 해야 하는지 그 방법을 알아둘 필요가 있습니다. 자 이제 시작해봅시다. 이 책에서는 일반적인 긍정확언에 대해 이야기하면서 건강, 재정, 사랑, 생활 등 특정한 분야에서 어떻게 긍정적인 변화를 이끌어낼 수 있는지 보여드리겠습니다. 이 작은 책을 통해서 긍정확언을 사용하는 방법을 배워둔다면, 그러한 원칙을 모든 상황에 적용할 수 있습니다.

어떤 사람은 "긍정확언이 별로 도움이 안돼."라고 말할 수도 있습니다. 하지만 그건 그들이 제대로 사용하지 못하기 때문입니다. 어떤 사람은 이렇게 말할 겁니다.

"내 재산은 불어나고 있어."

하지만 그러고 나서 이렇게 생각할 겁니다.

"오, 이거 바보짓이야. 이런 게 통할 리 없지."

어떤 확언이 통할 거라고 생각하십니까? 물론 부정확언입니다. 왜냐하면 그건 삶을 습관적으로 바라보는 오래된 방식이기 때문입니다. 때때로 사람들은 하루에 한번 긍정확언을 하고 나머지 시간은 불평하며 보낼지도 모릅니다. 그런 식으로 하면 긍정확언이 작동하는데 오래 걸립니다. 불평하는 부정확언은 항상 이깁니다. 그 이유는 그것들이 더 많은데다가 대개 강렬한 감정과 함께 말하기 때문입니다.

하지만, 확언을 말하는 것은 과정의 일부일 뿐입니다. 낮과 밤에 우리가 무엇을 하는가가 더 중요합니다. 긍정확언이 빠르고 일관되게 작동하도록 하는 비결은 그들이 성장할 수 있는 분위기를 마련해주는 것입니다. 긍정확언은 토양에 심는 씨앗과 같습니다. 좋지 않은 토양에서는 잘 자라지 못하지만, 좋은 토양에서는 풍성하게 성장할 것입니다. 당신이 기분 좋은 생각을 선택할수록 긍정확언이 더 빨리 작동합니다. 그러니 행복한 생각을 해보세요. 그것은 아주 간단합니다. 그리고 가능합니다. 지금 당신이 생각하려는 방식은 선택입니다. 오랫동안 생각을 선택해본 적이 없었기 때문에 당신이 깨닫지 못했을 수도 있지만, 그것은 정말로 선택이 맞습니다. 그리고 오늘 이 순간 당신이 이렇게 생각했기 때문에 당신은 생각을 바꿀 수 있는 선택을 할 수 있습니다. 당신의 삶은 하루아침에 바뀌지는 않겠지만, 일관성 있게 하루하루 기분 좋은 생각을 하기로 마음먹는다면, 삶의 모든 영역에서 긍정적인 변화를 만들 수 있을 것입니다.

(이 비밀은 에스더 힉스/아브라함에서 배웠습니다. 에스더 힉스는 아브라함이라는 영적인 교사들과 대화를 나누는 동기부여 강사입니다. 아브라함을 모르면 (830) 755-2299로 전화하거나 WWW.ABRAHAM-HICKS.COM에 접속하여 정보를 얻을 수 있습니다. 나는 아브라함을 현재 지구에서의 최고 스승 중 하나로 여깁니다.)

나는 감사하는 마음으로 축복받은 삶을 살면서 매일 아침 깨어납니다. 그리고 다른 사람들이 무슨 일을 하느냐에 상관없이 행복한 생각을 합니다. 물론, 100% 늘 이렇게 하지는 못하지만, 지금 75%~80% 정도는 그렇게 하고 있습니다. 그것은 내가 삶을 얼마나 즐기는지와 얼마나 많은 좋은 일들이 내 일상으로 흘러들어 오는 것처럼 보이는지 간에 큰 차이를 만들었습니다.

당신이 살아 있는 유일한 순간은 바로 지금 이 순

간입니다. 당신이 통제력을 가지고 있는 유일한 시간입니다.

"어제는 역사이고, 내일은 알 수 없으니, 오늘이야말로 선물입니다. 그래서 우리는 이것을 현재라고 부르죠."

나의 요가 강사 모린 맥기니스Maureen MacGinnis는 그녀가 가르치는 모든 수업에서 이 말을 되풀이합니다. 지금 이 순간에 기분 좋게 느끼지 않는다면, 어떻게 풍부하고 재미있는 미래의 순간을 만들 수 있을까요?

지금 기분은 어떠신가요? 기분이 좋으세요? 기분이 나쁘세요? 어떤 기분이신가요? 어떤 기분을 느끼고 싶으세요? 현재 감정은 어떤가요? 직감은 어떤가요? 더 좋은 기분이나 생각을 가져보세요. 어떤 식으로든 나쁜 기분 ― 슬픔, 짜증, 증오, 언짢음, 분노, 불안, 죄책감, 우울증, 질투, 비판 등을 느끼고 있다면 당신은 일시적으로 우주가 당신을 위해 준비한 좋은 경험들과의 연결고리를 잃어버린 것입니다. 탓하는 생각으로 시간을 낭비하지 마세요. 어떤 사람, 장소, 또는 사물도 당신의 감정을 통제할 수 없습니다. 왜냐하면 그들은 당신의 마음 안에서 생각하는 게 아니기 때문이죠.

이것은 또한 당신이 실제로 다른 사람을 통제할 수 없는 이유입니다. 다른 사람의 생각을 통제할 수 없습니다. 다른 사람을 통제할 수 있는 유일한 방법은 그 사람이 허락해주는 경우뿐입니다. 그래서 당신은 당신이 가진 이 강력한 마음에 대해 인식해야 합니다. 당신은 자신의 사고를 완전히 통제할 수 있습니다. 당신이 생각하는 것을 삶에서 얻게 되는 것입니다. 저는 기쁨과 감사의 생각을 선택했고, 여러분도 할 수 있습니다.

어떤 종류의 생각이 당신을 기분 좋게 만드나요? 사랑, 감사, 감동적인 어린 시절 경험에 대한 생각들인가요? 당신이 살아 있음에 감사하며 사랑으로 당신의 몸을 축복하는 생각들인가요? 지금 이 순간을 진정으로 즐기고 내일에 대해 기대하나요? 이런 식으로 생각하는 것은 자신을 사랑하는 행위이며, 자신을 사랑하는 것은 여러분의 삶에 기적을 창출합니다.

이제 긍정확언에 대해 알아봅시다. 긍정확언을 하는 것은 긍정적인 결과를 창출할 어떤 생각을 하기로 의식적으로 선택하는 것입니다. 이것은 여러분의 사고를 바꾸기 시작할 수 있는 단초들을 만들어줍니다. 긍정확언은 현재라는 현실을 넘어서 미래를 창조하기 위해 사용되는 언어를 통해 현재에 사용됩니다. 여러분은 이미 그 미래를 창조하기 시작한 것입니다.

"나는 매우 부유하다"라고 말하기를 선택하면, 현재 은행에 거의 돈이 없을지도 모르지만 당신이 하는 일은 미래의 번영을 위한 씨앗을 심는 것입니다. 이 진술을 반복할 때마다, 당신은 마음의 대지에 심은 씨앗을 재확인합니다. 그것이 당신이 행복한 분위기를 갖고 싶은 이유입니다. 더 풍부하고 비옥한 토양에서는 사물들이 더 빨리 자랍니다.

당신이 항상 긍정확언을 현재형으로, 축약하지 않고 말하는 것이 중요합니다. (저는 책의 본문에서 축약형을 사용하지만, 긍정확언에서는 그 힘을 약화시키고 싶지 않기 때문에 절대로 사용하지 않습니다.) 예를 들어, 대부분의 긍정확언은 "나는 가지고 있다…" 또는 "나는…"로 시작합니다. 만약 당신이 "나는 할 것이다…" 또는 "나는 가질 것이다…" 라고 말한다면, 당신의 생각은 미래에 머무릅니다. 우주는 당신의 생각과 말을 문자 그대로 받아들이고, 당신이 원하는 것을 항상 이루어줍니다. 이것이 바로 행복한 정신적 분위기를 유지해야 하는 이유입니다. 기분이 좋을 때 긍정적인 확언을 생각하는 것이 더 용이합니다. 이런 식으로 생각해보세요. 당신이 하는 모든 생각은 중요합니다. 그러니 소중한 생각을 낭비하지 마세요.

당신의 긍정확언은 당신의 삶에 좋은 것을 가져

옵니다. 부정확언은 좋은 것을 멀리하고 당신의 손끝에서 멀리 떨어뜨립니다. 당신의 삶에서 좋은 것을 거의 얻었다가 마지막 순간에 빼앗겼던 적이 얼마나 많나요? 그 때 당신의 심리상태가 어떠했는지 기억할 수 있다면, 그것이 답일 것입니다. 너무 많은 부정적인 생각은 긍정확언에 대해 장벽을 만듭니다.

"더 이상 아프고 싶지 않다."라고 모호하게 말한다고 해서 건강한 생활을 위한 긍정확언이 되는 것은 아닙니다. 명확하게 원하는 것을 말해야 합니다.

"나는 지금 완벽한 건강을 받아들입니다."

"나는 이 차를 싫어해."

이 말은 명확하지 않기 때문에 멋진 새 차가 나타나지 않습니다. 실제로 새 차를 얻더라도, 얼마 못 가서 또 다시 싫어하게 될 것입니다. 새 차가 필요하다면 이렇게 말해보세요.

"내 모든 취향을 만족시키는 멋진 새 차를 가지고 있습니다."

'인생은 끔찍해!'라고 말하는 사람들이 있습니다(이것은 부정확언입니다). 그런 말을 하면 어떤 경험이 당신에게로 끌려올지 상상해보십시오. 인생이 끔찍한 것이 아니라, 당신의 생각이 끔찍한 것입니다. 그러한 생각은 당신을 기분 나쁘게 만들 것입니다. 그리고 기분 나쁘다면, 좋은 일은 결코 생길 수 없습니다.

나쁜 관계, 문제, 질병, 가난과 같이 어쩔 수 없는 일로 논쟁하는 데 시간을 낭비하지 마세요. 문제에 대해 더 많이 말할수록 그것이 더 고착됩니다. 인생에서 잘못된 것으로 보이는 것에 대해서 다른 사람들을 탓하지 마세요. 그것은 또 다른 시간 낭비일 뿐입니다. 기억하세요, 당신은 자신의 의식 법칙을 따르고 있으며, 자신의 생각으로 인해 특정 경험을 당신에게 끌어들입니다.

당신의 생각 방식을 바꾸면, 당신 인생의 모든 것이 변화합니다. 사람들, 장소, 물건과 상황이 어떻게 변화하는지 관찰해보면 놀랄 것입니다. 남 탓은 또 다른 부정확언에 불과합니다. 이런 걸로 귀중한 생각을 낭비하고 싶지 않을 것입니다. 대신에 부정확언을 긍정확언으로 바꾸는 법을 배워보세요. 예를 들어 이런 겁니다.

··· 나는 나의 몸을 싫어합니다.

⇨ **나의 몸을 사랑하고 감사합니다.**

··· 나는 결코 충분한 돈을 가진 적 없습니다.

⇨ **돈은 내 삶에서 다양한 방법으로 흘러 들어옵니다.**

··· 나는 건강이 안 좋아서 늘 힘듭니다.

⇨ **나는 내 몸이 자연스럽게 활기찬 건강으로 돌아오도록 허락합니다.**

··· 나는 너무 살쪘습니다.

⇨ **나는 내 몸을 존중하고 잘 돌봐줍니다.**

··· 아무도 날 좋아하지 않습니다.

⇨ **나는 사랑을 발산하고, 사랑이 내 삶을 가득 채웁니다.**

··· 나는 창의적이지 못합니다.

⇨ **내가 가진 재능을 알지 못했다가 발견합니다.**

··· 나는 별 볼일 없는 직업을 가지고 있습니다.

⇨ **멋진 새로운 문이 항상 나를 위해 열립니다.**

··· 나는 그저 그렇습니다.

⇨ **나는 긍정적인 변화를 하고 있고, 최상의 것을 받을 자격이 있습니다.**

이건 당신이 생각하는 모든 것에 대해서 염려하라는 뜻이 아닙니다. 처음에는 변화를 시작하고 실제로 생각에 집중하기 시작할 때, 당신의 생각 중에 부정적인 것이 얼마나 많은지 깨닫게 될 것입니다. 그래서 부정적인 생각을 발견하면, 스스로에게 이렇게 말하세요.

"그것은 옛날 생각이에요. 나는 더 이상 그렇게 생각하지 않기로 했어요."

그리고 가능한 빨리 그것을 대체할 긍정적인 생각을 찾으세요. 잊지 마세요, 가능한 기분 좋게, 많이 느껴야 합니다. 원망, 원한, 비난, 그리고 죄책감과 관련된 생각은 불행한 기분을 유발합니다. 그리고 그것은 정말로 버려야 할 습관입니다.

긍정확언들이 작동하는 것을 방해하는 또 다른 장애물은 "나쁘지 않네!"라고 느끼는 것입니다. 다시 말해, 당신은 자신이 좋은 것을 받을 자격이 없다고 느낍니다. 이런 문제가 있다면 8장(자존감)부터 읽어보세요. 자아존중 긍정확언을 몇 개 암기하고 자주 반복해 보세요. 그렇게 하면 당신이 가지고 있는 "하찮다"는 느낌을 자존감으로 변화시킬 수 있습니다. 그러면 긍정확언들이 실현되기 시작할 것입니다.

문제가 있을 때마다 다음의 문장을 반복해서 말하면 문제를 해결할 수 있는 해결책이 됩니다.

모든 것은 잘되고 있습니다.
이 상황에서는 좋은 결과만 나올 것입니다.
나는 걱정 없습니다.

이 간단한 확언은 당신의 삶에 기적을 이룰 것입니다.

여기서 한 가지 제안하겠습니다. 다른 사람들과 이러한 생각을 공유하는 것은 피하는 것이 좋습니다. 원하는 결과를 달성할 때까지 자신의 생각을 혼자 간직하고 있는 것이 가장 좋습니다. 그러면 친구들이 이렇게 말할 것입니다.

"어머, 당신의 삶이 너무 많이 변했어요. 당신은 너무 다르게 보여요. 그동안 무슨 일을 하고 있었나요?"

당신이 원리를 이해하고 그대로 살 수 있을 때까지 이 서문을 여러 번 읽어보세요. 또한, 당신에게 가장 의미 있는 장을 집중적으로 읽고 그 긍정확언을 연습하세요. 그리고 자신만의 긍정확언을 만들어 사용하는 것을 잊지 마세요.

지금 사용할 수 있는 몇 가지 확언을 보여주겠습니다.

"나는 나 자신에 대해 좋은 느낌을 가질 수 있어요!"
"나는 내 삶에서 긍정적인 변화를 이룰 수 있어요!"
"나는 할 수 있어요!"

I CAN

do IT

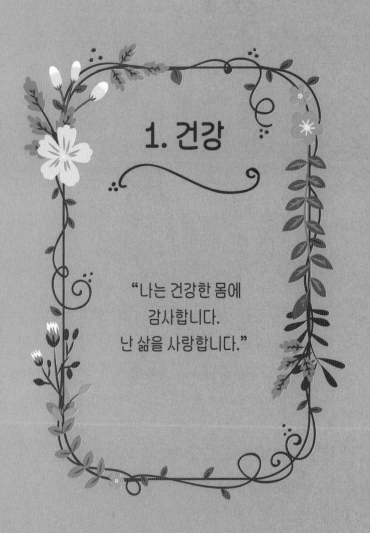

1. 건강

"나는 건강한 몸에
감사합니다.
난 삶을 사랑합니다."

건강한 몸을 만들고 싶다면, 반드시 지켜야 할 몇 가지 사항이 있습니다. 먼저, 자신의 몸에게 어떠한 이유로도 화를 내서는 안 됩니다. 분노도 또 다른 부정확언이며 당신의 몸을 당신이 싫어한다고 말해주는 것이니까요. 당신의 체세포들은 당신의 모든 생각을 잘 알고 있습니다. 당신이 완벽한 건강 상태를 유지하기 위해 최선을 다해 일하는 하인이라고 생각해 보세요.

당신의 몸은 자기 치유 능력을 갖고 있습니다. 건강한 음식과 음료를 먹고 마시며 운동과 충분한 수면과 함께 행복한 생각을 하면 질병을 아주 쉽게 치유할 수 있습니다. 세포들은 행복하고 건강한 환경에서 일하고 있습니다. 그러나 만약 당신이 소파에서 뒹굴며 감자칩이나 인스턴트 음식을 먹고 다이어트 탄산음료나 마시고 수면을 소홀히 하며, 항상 짜증내고 고집스럽다면, 당신 몸의 세포들은 불리한 여건에서 일하는 셈입니다. 만일 당신이 이렇다면 당신의 몸은 당신이 원하는 만큼 건강하지 않을 것입니다.

자신이 아픈 것에 대해 다른 사람에게 말하거나 그에 집착한다면 결코 건강해질 수 없습니다. 건강은 사랑과 감사에서 비롯됩니다. 당신은 최대한 많은 사랑을 몸 안에 불어넣고 싶을 것입니다. 당신의 신체 중 고통을 느끼거나 병이 난 부분이 있으면, 아픈 아이를 다루는 것처럼 대해야 합니다. 그것을 얼마나 사랑하는지 말해주고, 가능한 한 빨리 회복할 수 있도록 도와주기 위해 최선을 다하고 있다고 전해주세요.

만일 당신이 아프면 당신은 의사에게 가서 증상을 완화시키는 약을 받아 올 것입니다. 하지만 당신의 몸은 그렇게 하는 게 옳지 않다고 말할 것입니다. 그렇기에 당신은 건강에 대해 배울 필요가 있습니다. 건강에 대해서 많이 배우면 배울수록 자신을 돌보기가 쉽습니다. 당신은 환자 같은 느낌을 가질 이유가 전혀 없습니다. 그렇게 한다면 당신의 능력을 제대로 발휘하지 않는 것이 됩니다. 건강식품 판매점에 가면 건강을 지키는 방법을 가르쳐주는 책을 먼저 고르세요. 당신을 위해 고안된 영양식과 건강한 다이어트에 대해 알게 될 것입니다. 하지만 당신이 무엇을 하든 건강하고 행복한 정신적 환경을 만들어야 합니다. 당신만의 건강계획에 기꺼이 동참하세요.

나는 흔히 말하는 질병을 우리가 만든다고 믿습니다. 우리 삶의 다른 부분처럼 몸은 우리 내면의 신념이나 생각의 거울입니다. 우리 몸은 언제나 우리에게 뭔가 이야기합니다. 우리는 그저 그걸 듣기만 하면 됩니다. 우리 몸 안의 세포는 우리가 말하는 단어

와 우리의 생각에 응답하니까요. 우리 몸의 모든 세포들은 우리의 언어 하나하나, 우리의 생각 하나하나에 반응합니다.

지속되는 사고방식과 말투는 몸의 행동, 자세, 편안함 혹은 불편함을 만들어 냅니다. 찌푸린 상으로 얼굴이 굳어버린 사람은 기쁘고 즐거운 표정을 만들 수 없습니다. 노인들의 얼굴과 몸은 평생 동안 그들이 지녀온 사고 패턴을 명확하게 보여줍니다. 당신이 노인이 되어서는 어떤 모습으로 보일까요?

자신의 인생이 우연의 연속이 아니라 깨달음의 과정이라는 사실을 받아들이세요. 이렇게 매일을 살면, 나이 들지 않을 것입니다. 계속해서 성장하게 될 것입니다. 49세가 되는 날을 또 다른 생명의 시작점으로 상상해 보세요. 오늘날 50세에 도달한 여성이 암과 심장병으로부터 자유롭다면 92세 생일도 맞이할 수 있을 것입니다. 당신에게는 자신의 인생 주기를 맞춤 설정할 수 있는 능력이 있습니다. 그러니 지금 생각을 바꾸고 시작하세요! 당신은 매우 중요한 이유로 여기에 있으며, 필요한 모든 것이 당신에게 제공됩니다.

당신은 질병을 도와주는 심적 분위기를 만들어내는 생각을 할 수도 있고, 당신과 당신 주변에서 건강한 분위기를 조성할 수도 있습니다. (저의 책《몸 치유하기Heal Your Body》는 질병의 형이상학적인 원인에 대한 포괄적인 안내서이며, 어떠한 질병도 이겨낼 수 있는 모든 긍정확언을 포함하고 있습니다.)

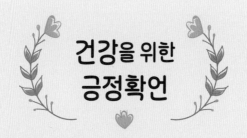

건강을 위한
긍정확언

나는 내 몸에 가장 좋은 음식을 즐깁니다.
나는 내 몸의 모든 세포를 사랑합니다.

♥

나는 건강한 노년을 기대합니다.
왜냐하면 지금부터
내 몸을 사랑스럽게 돌보고 있기 때문입니다.

♥

나는 항상 새로운 방법을 발견하며
내 건강을 개선하고 있습니다.

♥

모든 면에서 내 몸에 필요한 것을 제공하여
최적의 건강을 유지합니다.

♥

나는 통증 없이
삶과 완전히 조화를 이룹니다.

♥

치유는 가능합니다.
내 마음을 비워두고 내 몸의 지혜가 자연스럽게
치유 작업을 수행하도록 합니다.

♥

내 몸은 언제나 완벽한 건강을 창조하기 위해
최선을 다하고 있습니다.

♥

나는 일, 휴식, 놀이를 균형 있게 하고 있습니다.
모두가 고른 시간을 갖습니다.

♥

오늘도 살아 있음에 감사합니다.
또 다른 멋진 하루를 살 수 있어서 기쁩니다.

♥

필요할 때 기꺼이 도움을 요청합니다.
나의 필요에 딱 맞는 건강 전문가를 선택합니다.

♥

직감을 믿습니다.
내 안에서 그 안정된 작은 목소리를 듣는 것을
원합니다.

♥

매일 충분한 수면을 취합니다.
내 몸이 어떻게 관리되는지에 대해 감사합니다.

♥

나는 건강한 선택을 하며
나 자신을 존중합니다.

♥

완벽한 건강을 유지할 수 있도록
내 몸을 관리하는 나에게 감사합니다.

♥

내 몸의 완벽한 건강을 유지하도록
사랑으로 도와줍니다.

♥

나에게는 특별한 수호천사가 있습니다.
항상 신의 지도와 보호를 받습니다.

♥

완벽한 건강이 내 신성한 권리이며,
나는 지금 그것을 필요로 합니다.

♥

다른 사람들을 돕는 일에 시간을 할애합니다.
그것은 나의 건강에도 좋습니다.

♥

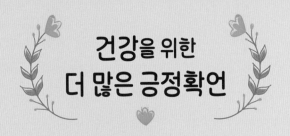

건강을 위한
더 많은 긍정확언

내 건강한 몸에 감사합니다.
나는 삶을 사랑합니다.

♥

나는 식습관을 통제하는 유일한 사람입니다.
내가 선택하면 언제든지 어떤 것이든
거부할 수 있습니다.

♥

물은 내가 가장 좋아하는 음료입니다.
몸과 마음을 깨끗이 하기 위해
많은 양의 물을 마십니다.

♥

상쾌한 생각으로 내 마음을 가득 채우는 것이
건강을 위한 길입니다.

♥

행복한 생각은
건강한 몸을 만드는 데 도움이 됩니다.

♥

나는 내면으로 들어가
치유할 방법을 알고 있는 영역과 연결합니다.

♥

깊고 완전한 숨을 쉽니다.
생명의 숨을 통해 자양분을 받습니다.

♥

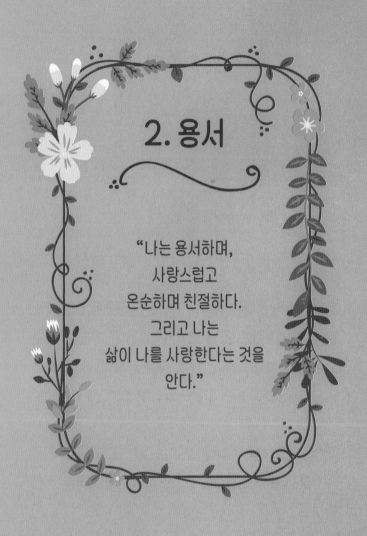

2. 용서

"나는 용서하며,
사랑스럽고
온순하며 친절하다.
그리고 나는
삶이 나를 사랑한다는 것을
안다."

용서하지 않는다면 당신은 계속해서 고통을 느낄 수밖에 없습니다. 분노와 원한을 선택하는 한, 당신은 지금 행복할 수 없습니다. 고통은 기쁨을 만들어내지 못하니까요. 어떤 이유로든, 아무리 자신이 옳다고 느끼더라도 그렇습니다. 만약 당신이 과거를 끝까지 붙잡고 늘어지면 결코 자유로울 수 없습니다. 자기 자신과 다른 사람을 용서할 때 비로소 당신은 과거의 감옥에서 벗어날 수 있습니다.

당신이 어떤 상황에 갇혀 있거나, 당신의 행동이 잘 되지 않는다고 생각된다면, 그것은 더 많이 용서하라는 뜻입니다. 지금 이 순간 자유롭게 살지 못하다면 그것은 당신이 과거의 어느 순간을 붙잡고 있다는 것을 의미하니까요. 이것은 후회, 슬픔, 상처, 두려움, 죄책감, 탓, 분노, 원한 또는 때로는 복수심까지도 포함합니다. 이 모든 감정 상태는 용서하지 않기 때문에 비롯된 것이며, 과거를 놓아주고 현재 순간에 집중하는 것을 거부하는 것입니다. 오로지 현재만이 당신의 미래를 만들어낼 수 있습니다.

만일 당신이 과거를 붙잡고 있다면 현재에 머무를 수가 없습니다. 당신의 생각과 언어들이 힘을 가질 때는 오로지 '현재'뿐입니다. 그래서 당신은 정말 흘러가는 생각과 과거의 감정 쓰레기들 때문에 미래를 창조해야 할 지금의 생각을 방해받는 것은 원치 않을 것입니다.

누군가를 비난할 때, 당신은 자신의 에너지를 깎아먹는 것입니다. 왜냐하면 당신이 자신의 감정에 대한 책임을 다른 사람에게 떠넘기는 격이기 때문입니다. 물론 당신을 불편하게 만드는 반응을 일으키는 사람들이 주위에 제법 많습니다. 하지만 그들이 당신의 마음으로 들어가 버튼을 누르는 것은 아닙니다. 자신의 감정과 반응에 대해 책임을 진다는 것은 '반응할 능력'을 통제하는 것입니다. 다시 말해, 단순하게 반응하는 게 아니라 의지를 가지고 내가 선택하는 습관을 들이는 것입니다.

용서는 많은 사람들에게 복잡하고 어려운 개념입니다. 하지만 용서와 수용은 다른 개념임을 잊지 마세요. 누군가를 용서한다는 것은 그들의 행동을 받아들인다는 것이 아닙니다. 용서의 행위는 자신의 마음에서 이루어집니다. 그것은 실제로 다른 사람과는 아무런 관련이 없습니다. 솔직히 진정한 용서는 고통에서 자유로워지는 것입니다. 이것은 부정적인 에너지를 버리는 행위일 뿐입니다.

또한, 용서는 다른 사람의 고통스러운 행동이나 행위를 계속해서 허용하지 않는다는 뜻입니다. 때로는 놓아주는 것을 의미합니다. 당신은 그 사람을 용서하고 그들을 놓아줍니다. 당당하게 서서 건강한 경계를 설정하는 것은 자신뿐만 아니라 상대방을 위해서도 가장 자애로운 일이 될 수 있습니다.

쓰라린 감정을 품은 이유와 상관없이, 당신은 그것을 넘어서 갈 수 있습니다. 아직 선택의 여지가 있습니다. 당신은 갇혀 있고 원망스러운 상태를 유지할지, 아니면 과거에 일어난 일을 자발적으로 용서하고 놓아주고, 그 후에 기쁘고 충실한 삶을 창조하기 위해 움직일지 선택할 수 있습니다. 당신에게는 당신의 삶을 원하는 대로 만들 수 있는 자유가 있습니다.

용서를 향한
긍정확언

내 마음의 문은 안쪽으로 열립니다.
나는 용서를 통해 사랑으로 이동합니다.

♥

오늘 나는 내 감정을 듣고
나 자신을 온화하게 대합니다.
나는 모든 감정이 친구라는 것을 알고 있습니다.

♥

과거는 이미 지나갔으므로
이제는 더 이상 힘이 없습니다.
지금의 생각이 내 미래를 만듭니다.

♥

피해자가 되는 것은 재미가 없습니다.

더 이상 무력하지 않습니다.

나는 내 힘을 요구합니다.

♥

나는 과거에서 자유롭게 해주는 선물을 받고

기쁨으로 현재를 향해 움직입니다.

♥

나는 다양한 곳에서 원하는 도움을 받습니다.

나를 돕는 시스템은 강하고 사랑스럽습니다.

♥

크건 작건 사랑으로 해결할 수 없는 문제는

없습니다.

♥

나는 치유될 준비가 되어 있습니다.
나는 용서할 준비가 되어 있고, 다 잘 될 것입니다.

♥

잘못을 저지르면,
그것은 배움의 일부일 뿐이라는 걸 알게 됩니다.

♥

나는 용서하는 것을 넘어서
이해하는 것으로 나아가며,
모든 것에 동정심을 가지고 있습니다.

♥

매일이 새로운 기회입니다.
어제는 끝났고,
오늘은 내 미래의 첫 번째 날입니다.

♥

내가 생각을 바꾸면,
내 주변의 세상도 변합니다.

♥

나는 더 이상
이전의 부정적인 반복에 제한을 받지 않습니다.
나는 그것들을 아주 부드럽게 보내버립니다.

♥

나는 용서하고, 사랑하며,
온유하고 친절합니다.
그리고 삶이 나를 사랑한다는 것을 알고 있습니다.

♥

나 자신을 용서함으로써,
다른 사람들을 용서하기가 쉬워집니다.

♥

나는 내 가족 구성원들을
있는 그대로 사랑하고 받아들입니다.

♥

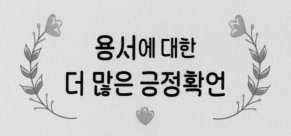

용서에 대한
더 많은 긍정확언

나는 완벽하지 않은 나를 용서합니다.
나는 내가 알고 있는 방식으로
최선을 다하고 있습니다.

♥

다른 사람을 변화시킬 수는 없습니다.
나는 다른 사람들을 그 자체로 존중할 뿐이고
나 자신을 사랑합니다.

♥

이제 내 어린 시절의 상처를 모두 내려놓고
사랑으로 나아갈 수 있습니다.

♥

나는 다른 사람들의 인생을
책임질 수 없다는 것을 알고 있습니다.
우리는 모두
각자의 가치관에 의해 살아갈 뿐입니다.

♥

나는 '용서, 용기, 감사, 사랑 그리고 유머'라는
인생의 기본 가치로 돌아갑니다.

♥

내 인생의 모든 사람들은 나의 선생입니다.
우리는 함께 하는 목적이 있습니다.

♥

과거에 내게 잘못했던 사람들을 모두 용서합니다.
사랑으로 그들을 놓아줍니다.

♥

내 앞에 펼쳐진 모든 인생의 변화들은
긍정적인 변화들입니다.
나는 안심합니다.

♥

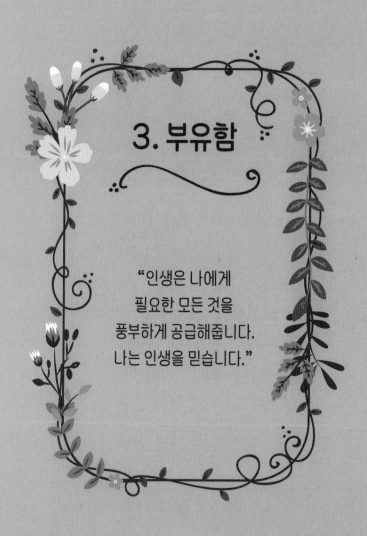

3. 부유함

"인생은 나에게
필요한 모든 것을
풍부하게 공급해줍니다.
나는 인생을 믿습니다."

돈에 대해 이야기하거나 그저 생각만 해서는 부유함을 창출할 수 없습니다. 이는 시간 낭비이며 그런다고 부유함을 가져다주지 않습니다. 결핍은 생각하는 것만으로도 더 많은 결핍을 만들어냅니다. 가난한 생각은 더 많은 가난을 가져옵니다. 감사하는 생각은 풍요를 가져옵니다.

부유함을 저해하는 몇 가지 부정확언과 태도가 있습니다. 예를 들어 "돈이 항상 부족해!"라는 말은 사용하면 안 되는 심각한 부정확언입니다. 다른 비생산적인 부정확언은 이것입니다.

"돈이 내 통장을 스쳐 지나가!" 이것은 최악의 궁핍한 생각입니다. 우주는 당신이 자신과 돈에 대해 믿는 대로 반응합니다. 부정적인 생각이 있다면 한번 살펴보면서 그것을 해방하고 놓아주세요. 그런 생각들은 당신에게 별로 도움이 안 되었고, 앞으로도 그러지 않을 겁니다.

가끔 사람들은 재정적인 문제를 해결하는 방법으로 오래간만에 나타난 친척으로부터 상속받거나 복권에 당첨되면 어떨까 생각합니다. 이런 일에 대해 상상해 볼 수도 있고 가끔 재미로 복권을 사기도 하겠지만, 이런 방식으로 돈을 얻겠다고 너무 큰 관심을 기울이지 마세요. 이런 생각은 결핍이나 빈곤한 사고입니다. 그리고 이런 방식은 지속적인 행운을 가져다주지 않습니다. 게다가 복권에 관해서는 거의 아무도 긍정적인 변화를 경험하지 못합니다. 사실, 대부분의 복권 당첨자는 2년 내에 거의 모든 돈을 날리고 아무런 성과도 남기지 못하며, 경제적으로 이전보다 더 악화된 상태에 이르게 됩니다. 이런 식으로 생긴 돈은 거의 어떤 문제도 해결하지 못합니다. 왜냐하면 이는 의식의 변화를 수반하지 않기 때문입니다. 사실상, 당신은 우주에게 다음과 같이 말하고 있습니다. "로또나 당첨되기 전에 내 인생에 좋은 일이 생길 리 없지."

만약 의식이나 생각을 바꾸어 우주의 풍요로움이 당신의 삶을 관통할 수 있도록 허락한다면, 로또가 당신에게 가져다 줄 수 있는 모든 것들을 가질 수 있습니다. 그리고 그것들을 지킬 수도 있을 것이며, 그것들은 당신 것이 될 것입니다. 긍정확언으로 자격이 있다고 믿고, 받아들이는 것이 로또에서 얻을 수 있는 것보다 훨씬 큰 부를 증명할 준비단계입니다.

당신의 부유함을 가로막는 또 다른 요소는 부도덕입니다. 당신이 저지른 일은 항상 당신에게 돌아옵니다. 항상 그렇습니다. 만약 당신이 인생으로부터 뭔가를 가져간다면, 인생도 당신으로부터 가져갈 것입니다. 그렇게 간단합니다. 당신이 회사에서 집어가는 종이, 클립 등 사무용품 같은 것은 훔친 것이 아니라고 생각하고 있습니까? 아니면 당신은 시간을 훔치거나 다른 사람들에게 존경심을 훔치거나 관계를 훔치는 사람인가요? 이런 것들은 중요하며, 이는 우주에게 이렇게 말하는 겁니다.

"나는 인생에서 좋은 것을 정말로 받을 자격이 없어. 그것을 훔쳐서 가져와야 해."

당신 인생에서 돈의 흐름을 막는 고정관념을 인식하고, 그러한 관념을 바꿔서 새롭고 풍부한 인식으로 만드는 것이 중요합니다. 가족 중에 아무도 이런 것을 해본 적이 없더라도, 당신은 돈이 당신의 삶으로 흐르는 경험을 맛볼 수 있습니다.

부유함을 원한다면, 부유하다는 생각을 가져야 합니다. 나는 오랫동안 사용해 온 두 가지 부의 확언을 가지고 있으며, 이것들은 아주 효과가 좋습니다. 그것들은 다음과 같습니다.

"내 수입은 항상 증가한다."
"나는 어딜 가든 번창한다."

이러한 긍정적인 확신을 갖기 시작하면서 초기엔 거의 돈이 없었지만, 꾸준한 연습을 통해 이것들이 실현되고 말았습니다.

오랜 시간 동안 나는 비즈니스가 서로를 축복하고 풍족한 것이라고 믿어왔습니다. 나는 상대방을 속이려 하고 서로서로 이용하는 경쟁 개념을 이해하지 못했습니다. 그것은 즐거운 삶의 방식 같아 보이지 않았습니다. 이 세상에는 풍요로움이 너무나 많습니다. 우리가 해야 할 일은 그 사실을 인식하고 그 풍요함을 공유하는 것뿐입니다.

헤이 하우스Hay House라는 나의 출판사 직원들은 항상 정직했으며 존중받았습니다. 우리는 약속을 지키고 일을 잘하며 다른 사람들을 존중하고 관대하게 대합니다. 그런 방식으로 살면 돈을 멀리할 수 없고, 우주는 우리에게 모든 가능한 방법으로 보상합니다. 요즘, 우리는 출판계에서 훌륭한 평판을 받으면서 사업을 활발하게 하고 있어 심지어 어떤 제안은 거절해야 할 지경입니다. 우리는 개인 간의 친밀함을 잃지 않기 위해 회사를 지나치게 키우고 싶지는 않습니다.

나는 학교를 마치지 못한 중퇴자이며 학대받은 아이였지만 이렇게 해냈기에, 당신도 할 수 있다고 믿습니다. 그래서 매일 한 번씩, 양팔을 넓게 벌리고 기쁨에 가득 차서 외치세요.

**"나는 우주의 모든 선하고 풍부한 것에 대해
열려 있고 다 받을 것이다.
고맙구나, 인생아!"**

인생은 당신의 말을 듣고 응답할 것입니다.

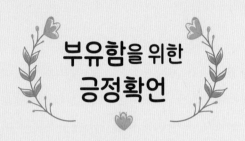

부유함을 위한
긍정확언

나는 돈을 끌어들이는 자석입니다.
어떤 종류의 부도 나에게 달라붙습니다.

♥

나는 크게 생각하고 나서,
인생에서 더 많은 좋은 것을 받아들일 수 있습니다.

♥

나는 일하는 곳이 어디든지 감사함을 느끼며
흡족한 보상을 받습니다.

♥

오늘은 즐거운 날입니다.
예상했거나 예상치 못한 돈도 나에게 들어옵니다.

♥

나에게는 무제한의 선택권이 있으며
기회는 어디에나 있습니다.

♥

나는 진심으로 우리가 서로 축복하고
부유함을 목적으로 여기에 있다고 믿습니다.
나는 일상적인 상호작용에서
이러한 신념을 반영합니다.

♥

나는 다른 사람들이 부유할 수 있도록 지원하며,
그 결과로 인생은 나를 놀랍게 도와줍니다.

♥

나는 이제 내가 좋아하는 일을 하고
그 일로 수익을 잘 올릴 겁니다.

♥

나는 성공을 드러내며
내가 가는 곳 어디서든 부유합니다.

♥

오늘 내게 오는 돈은 관리하기 즐거운 것입니다.
나는 일부는 저축하고 일부는 소비합니다.

♥

나는 사랑으로 풍요롭고 조화로운 우주에 살고 있어서
아주 감사합니다.

♥

이제 나는 어디에서나 존재하는
무한한 풍요로움을 받을 준비가 되어 있습니다.

♥

돈은 나를 도울 준비가 되어 있습니다.
이제 내 삶이 그 전과는 다른
더 높은 수준으로 올라가리라는 확신이 듭니다.

♥

삶은 나의 모든 필요를 차고 넘치게 공급합니다.
저는 삶을 신뢰합니다.

♥

끌어당김의 법칙이
내 삶에 좋은 것만 당겨옵니다.

♥

나는 가난의 사고방식에서
확신의 사고방식으로 바꿀 것입니다.
그리고 나의 재무 상태가 큰 변화를 반영합니다.

♥

내 삶이 꾸준하게 재정적으로 안정적이어서
기쁩니다.

♥

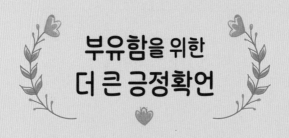

부유함을 위한
더 큰 긍정확언

내 인생에서 부와 풍요에 대해
더욱 감사하는 마음을 가지면
내가 감사할 이유를 더 많이 찾게 됩니다.

♥

나는 인생에서 모든 좋은 것들에 대해
감사를 표현합니다.
매일매일 멋지고 새로운 놀라움을 가져옵니다.

♥

나는 사랑으로 내게 온 청구서를 지불하며,
돈을 쓸 때마다 기쁨을 느낍니다.
풍요는 자유롭게 나를 통해 흘러갑니다.

♥

이 순간에도
엄청난 부와 힘을 누릴 수 있습니다.
나는 그러한 것들을 받을 만한 가치가 있다고
느끼기로 합니다.

♥

나는 최고의 것을 받을 자격이 있으며,
지금 그 최고를 받아들입니다.

♥

돈에 대한 모든 거부감을 내려놓고,
나는 이제 그것이 내 삶으로
기쁘게 흘러들어올 수 있도록 허용합니다.

♥

내게 선은 어디서든, 누구로부터 오든
찾아옵니다.

♥

I CAN do IT

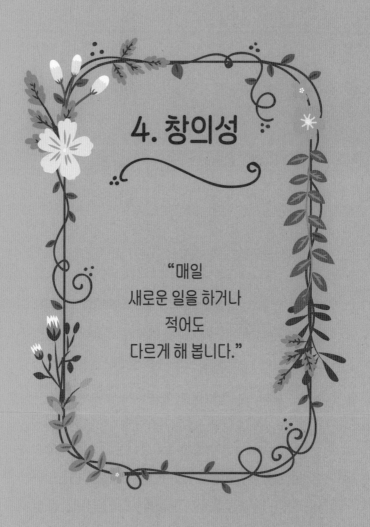

4. 창의성

"매일
새로운 일을 하거나
적어도
다르게 해 봅니다."

당신이 자신을 재주 없는 사람이라고 생각하면 말이나 생각으로 자신을 창의적으로 표현할 수 없습니다. 당신이 계속해서 "나는 창의적이지 못해."라고 확언을 한다면 결국 말한 그대로 되고 말 것이기 때문입니다. 당신 안에는 타고난 창의성이 가득 차 흘러서 만일 그걸 밖으로 끄집어내기만 하면 놀라우면서도 즐거울 수 있습니다. 당신은 우주의 창의적인 에너지 흐름과 연결되어 있습니다. 어떤 사람들은 다른 사람보다 더 창의성을 발휘하긴 하지만 그건 누구든 그렇게 할 수 있습니다.

우리는 매일 각자의 삶을 창조합니다. 우리 개개인은 독특한 재능과 능력을 가지고 있기 때문입니다. 불행히도, 우리 중 상당수에게는 어렸을 때 창의성을 선의로 억압한 어른들이 있었습니다. 어릴 때 선생님은 내가 키가 너무 커서 무용에 소질이 없다고 말한 적이 있었습니다. 내 친구는 나무를 잘 그리지 못해서 다른 그림도 그릴 수 없다고 했습니다. 이건 모두 매우 어리석은 생각입니다. 하지만 우리는 순종적인 아이들이었기에 그 말을 믿었습니다. 지금 우리는 그런 말을 뛰어넘어 더 나은 삶을 살고 있습니다.

또 다른 잘못된 가정은 예술가가 되려면 창의적이어야 한다는 주장입니다. 사실 예술은 창의성의 한 분야일 뿐이며, 그 외에도 수많은 영역이 있습니다. 당신은 이미 삶의 순간순간을 창조하고 있습니다. 아주 일상적이고 평범하게 우리 몸의 신경세포가 새롭게 생성되거나, 감성적인 반응, 즐거운 일, 은행 잔고, 친구들과의 관계, 당신 자신을 대하는 태도 등 모든 것이 창의적입니다.

또한 당신은 정말 좋은 침대를 제작하고, 맛있는 요리를 만들 수도 있으며, 당신의 일을 창의적으로 해낼 수 있습니다. 당신은 정원에서 예술가가 될 수도 있고, 다른 사람을 친절하게 대하는 방법에서도 창의적일 수 있습니다. 이것들은 자신을 창의적으로 표현하는 백만 가지 방법 가운데 극히 일부입니다. 무엇을 하든 자신은 당신이 하는 모든 일에 대해 만족감을 느끼고, 그걸 모두 해냄으로써 깊은 충족감을 느끼길 원할 것입니다.

당신은 언제나 영적으로 인도받고 있습니다. 영혼은 실수를 하지 않는다는 점을 알아야 합니다. 무언가를 표현하거나 창조하고자 하는 강한 욕구가 있다면 이 감정은 신성한 불만족임을 알아야 합니다. 당신의 갈망이 바로 당신의 소명이며, 그것이 무엇이든 그대로 따르면 당신은 인도받고 보호받으며 성공할 수 있는 자신감을 얻게 될 것입니다. 당신 앞에 목적이나 길이 제시될 때, 당신은 그것을 믿고 흘러가게 놔둘 것인지, 두려움에 갇히게 할 것인지 선택해야 합니다. 당신 안에 내재하는 완벽함을 믿는 것이 핵심입니다. 그것을 믿는다면 안내받고, 보호받고, 성공을 확신할 수 있습니다.

그것이 두렵다는 건 압니다. 모든 사람들이 다 두려워하지만, 당신은 그것을 할 수 있습니다. 기억하세요. 우주는 당신을 사랑하며 당신이 하는 모든 일이 성공하길 원한답니다.

당신은 매일 매순간 창의적으로 자신을 표현하고 있습니다. 당신은 독특한 방식으로 당신 자신이 됩니다. 이것을 알고 나면 이제 당신이 창의적이지 않다는 그릇된 생각을 버리고 마음속에 떠오르는 모든 계획을 실천해볼 수 있습니다.

당신이 너무 나이가 들어서 아무것도 할 수 없다고는 생각하지 마세요. 나의 삶은 40대 중반에 강의를 시작할 때까지 별 볼 일 없었습니다. 50세에는 아주 작은 규모로 출판사를 시작했습니다. 55세에는 컴퓨터 세계에 입문하여 강좌를 수강하고 두려움을 극복하였습니다. 60세에는 처음으로 정원을 가꾸기 시작하여 먹거리를 자급자족하는 열정적인 유기농 농부가 되었습니다. 70세에는 어린이 미술 수업에 등록했습니다. 몇 년이 지난 후, 나는 내 글씨체도 완전히 바꿨습니다. 나는 비말라 로저스(Vimala Rodgers: 글씨를 바꾸면 인생이 바뀐다고 주장하는 자기계발 강사) 작가의 책《서체는 당신의 삶을 바꿀 수 있다》를 읽었어요. 75세에는 성인 미술 수업을 수료하고 내 그림을 판매하기 시작했습니다. 지금 미술 선생님이 다음에는 조각 수업을 들으라고 말합니다. 그리고 최근에 나는 요가를 시작했고, 내 몸은 바람직한 변화를 일으키고 있습니다.

몇 달 전 나는 스스로의 역량을 늘리기로 결정한 뒤 두려웠던 영역에 도전하기로 했습니다. 그래서 볼룸 댄스를 시작했습니다. 그 결과 나는 매주 여러 개의 수업을 듣고 있으며, 어릴 적 꿈이었던 댄스 수강을 실현하고 있습니다.

나는 경험해보지 않은 것들 배우기를 좋아합니다. 미래에 내가 또 무엇을 할지 잘 모르겠지만, 내가 알고 있는 것은, 이 지구를 떠날 때까지 긍정확언을 사용하고, 새로운 창의력을 표현할 것이라는 사실입니다.

특정 프로젝트에 참여하고 싶거나, 일반적으로 더 창의적이고 싶다면, 다음과 같은 긍정확언을 사용할 수 있습니다. 수백 가지 다양한 프로젝트에서 창의력을 발휘하면서 기쁘게 사용해보세요.

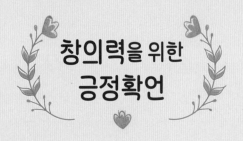

창의력을 위한
긍정확언

나는 내 창의력을 완전히 표현하기 위해
어떠한 저항도 무력하게 만듭니다.

♥

나는 항상 나의 창의적인 원천과
연결되어 있습니다.

♥

나는 내 마음의 사랑스러운 공간에서
아이디어가 나올 때,
쉽고 자연스럽게 창조합니다.

♥

나는 매일 새로운 일을 하거나
적어도 다른 일을 합니다.

♥

내가 선택한 어떤 분야에서든
창의적인 표현을 위한
충분한 시간과 기회가 있습니다.

♥

나의 가족은
내 꿈을 이루는 데 전적으로 지원해줍니다.

♥

모든 창의적인 프로젝트는
큰 만족감을 가져다줍니다.

♥

나는 내 삶에서
기적을 창조할 수 있다는 것을 알고 있습니다.

♥

나는 모든 창의적인 방식으로
나를 표현하는 것을 즐깁니다.

♥

나는 나 자신만의 독특함을 갖고 있으며,
특별하며 창의적이고 멋진 존재입니다.

♥

나는 내가 가지고 있었지만 몰랐던 재능을
발견하고 있습니다.

♥

나는 나의 창의적인 재능을
음악, 미술, 춤, 글쓰기와 같은
즐거움을 주는 모든 것에 집중합니다.

♥

창의성의 열쇠는
생각이 경험을 창조한다는 것을 알고 있는 것입니다.
나는 내 삶의 모든 영역에서 이 열쇠를 사용합니다.

♥

나는 명확하게 생각하고,
쉽게 표현합니다.

♥

나는 매일 더 창의적인 사람이 되기 위해
노력하고 있습니다.

♥

내 직업은
나의 재능과 능력을 표현할 수 있도록 해주며,
나는 이 일에 기쁨을 느낍니다.

♥

나의 잠재력은 무한합니다.

♥

나의 본능적인 창의성은
나를 놀라게 하고 기쁘게 합니다.

♥

나는 편안하며,
내가 하는 모든 일에 만족감을 느낍니다.

♥

나의 재능은 쓸모가 있으며,
내 독특한 선물은
주변 사람들에게 감사를 받습니다.

♥

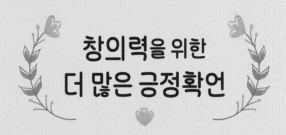

창의력을 위한
더 많은 긍정확언

인생은 절대 멈추거나 정체되지 않으며,
상쾌하고 새로운 순간들로 가득합니다.

♥

내 마음은 내 힘의 근원입니다.
나는 내 마음 가는 대로 합니다.

♥

나는 기쁨에 찬
창의적인 생명의 표현입니다.

♥

아이디어는
나에게 쉽고 자연스럽게 찾아옵니다.

♥

I CAN do IT

5. 관계/
로맨스

"나에게는
멋진 애인이 있고,
우리는 둘 다
행복하고 평화롭습니다."

개인적인 관계는 많은 사람들에게 가장 중요한 일인 것 같습니다. 그러나 불행하게도 사랑을 찾아다닌다고 해서 항상 좋은 상대를 만나는 건 아닙니다. 왜냐하면 우리가 사랑을 원하는 이유가 명확하지 않기 때문입니다. 우리는 이렇게 생각합니다. '오, 나를 사랑하는 사람이 있다면, 내 인생은 훨씬 더 좋아질 텐데.' 하지만 그렇게 뜻대로 되지 않습니다.

사랑이 필요한 것과 사랑을 갈구하는 것은 큰 차이가 있습니다. 사랑을 갈구한다는 것은 가장 중요한 존재인 자기 자신으로부터 당신이 사랑과 인정을 받지 못하고 있다는 것을 의미합니다. 당신은 의존적이고 비효율적인 관계에 휘말리게 될 수도 있습니다.

외로움에 대해 이야기하거나 생각만 해서는 사랑을 이룰 수 없습니다. 외로움과 갈구함은 사람들을 멀리 밀어내기만 하니까요. 또한 그게 얼마나 심각한지에 대해 이야기하거나 생각하는 것으로도 관계를 개선할 수 없습니다. 이는 문제에만 집중하기 때문입니다. 문제로부터 주의를 돌려서 해결 방법을 찾겠다는 새로운 생각을 해야 합니다. 자신의 한계를 주장하는 것은 하기 싫어서이고, 그건 단순히 지연 전술일 뿐입니다. 그것은 다음과 같이 말하는 셈입니다.

"나는 내가 원하는 것을 늘 갖지 못했어."

개선해야 할 첫 번째 관계는 자기 자신과의 관계입니다. 자신이 행복하면 다른 모든 관계도 개선됩니다. 스스로 행복한 사람은 다른 사람들에게 매우 매력적입니다. 더 많은 사랑을 원한다면 자신을 더 사랑해야 합니다. 이는 비판하지 않고, 불평하지 않고, 탓하지 않고, 투덜거리지 않으며, 외로움을 선택하지 않는 것입니다. 현재 이 순간 자신에게 매우 만족하고, 지금 기분 좋아지는 생각을 하는 것을 뜻합니다.

사랑에는 왕도가 없어서 우리 모두가 서로 제각 각으로 경험합니다. 어떤 사람은 진실로 사랑을 경험하며, 포옹을 하거나 스킨십만으로도 사랑을 느낍니다. 우리 가운데 일부는 "사랑해"라는 말을 들어야만 합니다. 또 다른 사람은 꽃다발 선물처럼 보여주기식 사랑을 원합니다. 우리가 선호하는 사랑을 경험하는 방법은 종종 우리가 가장 편안하게 느끼는 방식입니다.

나는 당신에게 제안합니다. 자기 자신을 계속 사랑하도록 하십시오. 자신에 대해 점점 성장하는 사랑을 보여주세요. 로맨스와 사랑으로 자신을 대하세요. 자신이 얼마나 특별한지 자신에게 보여주세요. 자신을 위해 선물하세요. 집을 꽃으로 장식하고, 자신을 기쁘게 하는 색상, 질감, 향기로 자신을 둘러싸세요. 인생은 항상 우리에게 내적인 감정을 되돌려줍니다. 내부적으로 사랑과 로맨스에 대한 감각을 발전시키면, 적절한 사람이 자연스럽게 당신에게 끌리게 될 것입니다. 외로움에서 충족감의 사고로 전환하고 싶다면, 자신 안에 사랑과 로맨스를 창조하는 관점으로 생각해야 합니다. 사랑과 로맨스에 대한 부정적인 생각은 저절로 사라지게 두고, 대신 모든 사람들을 사랑하고, 인정하며, 수용하겠다는 생각을 가지세요.

당신이 자신의 필요를 충족시킬 수 있는 능력이 생기면, 당신은 욕구가 줄어들고 상호의존적이지 않게 될 것입니다. 이것은 당신이 얼마나 자기 자신을 사랑하느냐와 관련이 있습니다. 진정으로 자기 자신을 사랑할 때, 당신은 중심에 있고 차분하며 안전하게 지내며, 집에서나 직장에서의 관계가 훌륭해집니다. 다양한 상황과 사람들에게 다르게 반응하게 될 것입니다. 한때 절박하게 중요했던 문제들이 이제는 그렇게 중요하지 않아 보일 것입니다. 새로운 사람들이 당신의 삶에 들어오고, 아마도 일부는 사라질 수도 있습니다. 처음에는 좀 무서울 수 있지만, 이것은 멋지고 상쾌하며 흥미로울 수도 있습니다.

한 번 마음속에 이 문제에 대해 분명하게 생각하고, 관계에서 원하는 것을 알았으면, 사람들과 함께 시간을 보내야 합니다. 누구도 갑자기 당신의 문 앞에 나타나지 않을 것입니다. 동호회나 문화센터 수업에서 사람들을 만나는 것은 좋은 방법입니다. 이러한 모임은 비슷한 생각을 가진 사람들이나 같은 관심사를 가진 사람들과 연결할 수 있게 해줍니다. 새로운 친구를 만나는 속도에 놀라게 될 것입니다. 개방적이고 수용적이며, 우주는 당신에게 응답하여 최고의 결과를 가져다 줄 것입니다.

기억하세요, 기쁨이 넘치는 생각을 하면 행복한

사람이 되고, 모두가 당신과 함께하고 싶어 하며, 현재의 모든 관계가 개선될 것입니다.

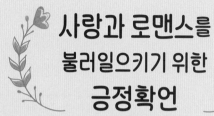

사랑과 로맨스를
불러일으키기 위한
긍정확언

가끔씩 나는 사랑하는 사람들에게 말합니다.
"어떻게 하면 더 사랑할 수 있을까?"

나는 사랑의 눈으로 명징하게 봅니다.
나는 내가 보는 것을 사랑합니다.

사랑은 갑자기 나타납니다.
절박한 사랑의 갈급함을 내려놓고
대신에 완벽한 시간과 공간 순서에서
사랑이 나를 찾을 수 있도록 마음을 엽니다.

♥

사랑은 세상 구석 어디에도 있고,
기쁨이 내 세상을 가득 채웁니다.

♥

나는 자신을 더 사랑하고
그 사랑을 주변의 모든 사람들과 나누기 위해
이 행성에 왔습니다.

♥

나의 파트너는 내 인생의 사랑입니다.
우리는 서로를 아끼고 사랑합니다.

♥

인생은 매우 간단합니다.
내가 주는 것이 나에게 돌아옵니다.
오늘은 사랑을 주기로 선택합니다.

♥

매일 마주치는 사랑에 기뻐합니다.

♥

나는 거울을 보며 편안하게 말합니다.
"나를 사랑해, 정말로 사랑해."

♥

이제 나는 사랑, 로맨스, 기쁨,
그리고 인생이 제공하는 모든 좋은 것들을
받을 자격이 있습니다.

♥

사랑은 강력합니다.
– 당신의 사랑과 나의 사랑.
사랑은 지구상에 평화를 가져옵니다.

♥

사랑만이 존재하는 모든 것입니다!

♥

나는 사랑으로 둘러싸여 있습니다.
모든 것이 잘됩니다.

♥

나는 사랑과 로맨스를 내 삶에 끌어들이고,
지금 받아들입니다.

♥

내 마음은 열려 있습니다.
나는 사랑스러운 언어로 말합니다.

♥

나에겐 멋진 연인이 있으며,
우리는 모두 행복하고 평화롭습니다.

♥

내 존재의 깊은 곳에는
사랑의 무한한 샘이 있습니다.

♥

나는 나를 진심으로 사랑해주는 사람과 기쁨과
절친한 관계에 있습니다.

♥

사랑과 로맨스를 불러일으키기 위한 더 많은 긍정확언

나는 내 마음의 사랑스러운 곳에서 왔고,
사랑이 모든 문을 열어준다는 것을 알고 있습니다.

나는 아름답고,
모두가 나를 사랑합니다.
나는 어딜 가든 사랑으로 환영 받습니다.

나는 모든 관계에서 안전하며,
사랑을 주고받습니다.

나는 건강한 관계에 끌립니다.
항상 잘 대접받습니다.

♥

내가 경험한 모든 사랑에 대해 매우 감사합니다.
그것을 어디에서나 찾을 수 있습니다.

♥

사랑으로 가득한 관계가
내 삶을 더욱 밝게 해줍니다.

♥

I CAN do IT

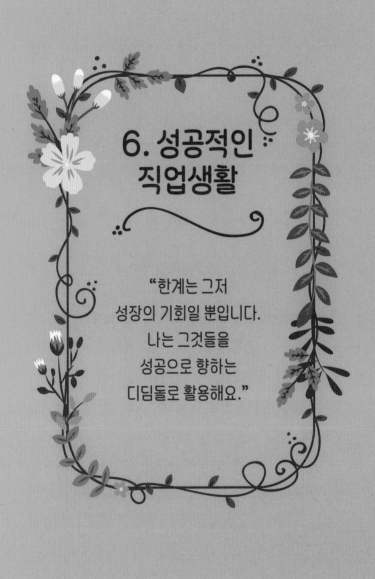

6. 성공적인
직업생활

"한계는 그저
성장의 기회일 뿐입니다.
나는 그것들을
성공으로 향하는
디딤돌로 활용해요."

많은 사람들에게 있어서 성공적인 직업생활은 중요한
문제입니다. 그런데 일에 대한 생각만 바꾸면 아주 쉽
게 성공적인 직업생활을 할 수 있습니다. 당신의 직업을
싫어하거나 상사가 견딜 수 없다면 일을 즐거워할 수 없
습니다. 그것은 정말로 끔찍한 일이죠. 그러한 생각으로
는 멋진 직업을 얻는 것도 불가능할 것입니다. 일할 때
즐거움을 느끼고 싶다면, 당신은 생각부터 바꿔야 합니
다. 나는 직장의 모든 사람, 장소, 물건을 사랑으로 축복
해야 한다고 믿습니다. 이건 당신의 직업부터 적용해 보

세요. 이 직업에서 훨씬 더 위대한 성공으로 갈 수 있다고 긍정확언해보세요.

당신이 현재의 직장에 다닌다는 것은 과거에 당신이 믿어온 신념들 덕분입니다. 당신은 생각에 의해 그것을 현실화했습니다. 당신은 일에 대한 태도를 부모로부터 배웠을지도 모릅니다. 하지만 지금 그런 생각을 바꿀 수 있습니다. 그래서 사랑으로 당신의 상사, 동료들, 장소, 건물, 엘리베이터 계단, 사무실, 가구, 그리고 고객 한분 한분을 축복하세요. 이렇게 하면 당신 안에 사랑스러운 정신적 분위기가 생겨나며, 전체 환경이 이에 반응해줄 것입니다.

나는 일터에서 다른 사람들을 깔보거나 비난하는 이유를 결코 납득할 수 없습니다. 만일 당신이 사장이나 관리자, 또는 감독관이라면, 직원들이 겁을 먹거나 앙심을 품는 상황에서 최상의 성과를 낼 수 있을까요? 우리는 모두 감사와 인정과 격려 받기를 원합니다. 만약 당신이 직원들을 도와주고 존중해주기만 하면 그들은 당신을 위해 최선을 다해 일을 할 것입니다.

일자리를 얻기 힘들다고 생각하지 마세요. 그것은 대다수 사람들에게 해당될 수도 있지만, 당신에게까지 적용할 필요는 없습니다. 당신은 단 한 개의 일자리만 필요하기에 신의 뜻은 당신을 위한 길을 열어줄 것입니다. 불안해하지 마세요. 비즈니스나 경제에서 부정적인 동향을 들었을 때, 즉시 다음과 같이 긍정확언해보세요.

"몇몇 사람들에게는 그 말이 사실일 수 있지만, 나에게는 그렇지 않아. 어떤 상황에서도 나는 항상 번창할 거야."

사람들은 종종 직장에서 대인관계를 원활하게 만들기 위해 나에게 긍정확언을 부탁합니다. 사실, 많은 사람들에게 이 대인관계는 그들의 삶에서 정말 큰 문제입니다. 내가 남에게 준대로 다양한 방식으로 돌려받는다는 것을 깊이 인식하고 있습니다. 이것은 직장을 포함한 모든 분야에서 사실입니다. 일터에서는 이것이 다방면에 영향을 미칩니다. 모든 고용인과 피고용인이 사랑의 힘에 의해 끌려왔다는 것을 알아야 합니다. 왜냐하면 지금 이 순간 이곳에서 그들의 자리는 신성한 것이기 때문입니다. 신성한 조화가 우리 모두에게 스며들며, 우리는 직장에서 가장 생산적이고 기쁜 방식으로 함께 지낼 수 있습니다.

　　어떤 문제에도 해결책이 없는 것은 없습니다. 답이 없는 질문도 없습니다. 문제를 넘어서 신비한 해결책을 찾기 위해 노력하세요. 어떤 갈등이나 혼란이 나타나는 것처럼 보이는 상황에서도 그로부터 뭔가를 배우겠다는 자세가 필요합니다. 모든 비난을 내려놓고 진실을 찾기 위해 내면으로 돌아가는 것이 중요합니다. 그리고 상황을 만든 당신의 의식 속에 있는 어떤 패턴도 내려놓을 준비가 되어야 합니다.

당신은 자신이 모든 일에서 성공적이고 영감을 받으며 생산적인 사람임을 알고 있습니다. 당신은 기꺼이 다른 사람들을 섬기며 기쁨을 느끼고 있습니다. 신성한 조화는 당신과 당신 직장의 구성원들을 모두 아우르고 있습니다.

만약 당신이 현재의 일에 만족하지만 보상을 충분히 받지 못한다고 느낀다면, 사랑과 함께 현재의 급여에 감사를 표현하세요. 지금 가지고 있는 것에 감사함을 표현하면 수입이 증가할 수 있습니다. 그리고 제발, 직장이나 동료에 대해 더 이상 불평하지 마세요. 당신의 의식이 당신을 현재의 직급에 있게 한 겁니다. 변화하는 의식은 더 나은 직급으로 이끌 수 있습니다. 당신은 할 수 있다구요!

주중에는 긴장을 푸는 데 도움이 되는 여러 가지 일을 해볼 수 있습니다. 여기 몇 가지 제안을 해보겠습니다.

1. 일하러 가기 전에 매일 이 간단한 운동을 해보세요. 편안하게 앉아서 호흡에 집중하세요. 잡생각이 들 때마다 부드럽게 호흡에 집중하면 됩니다. 매일 적어도 10분~15분 정도 조용한 곳에서 해보세요. 이건 어렵거나 힘든 게 아닙니다.

2. 이 긍정확언을 펜으로 적거나 타이핑하여 매일 직장에서 볼 수 있는 곳에 두세요.

"나의 일터는 평화로운 안식처입니다.
나는 사랑으로 내 일터를 축복합니다.

내가 모든 것을 사랑으로 대하면,
내 직장도 사랑과 따뜻함과 안락함으로 응답합니다.
나는 평화롭습니다."

당신이 상사에 대해 생각하기 시작할 때, 스스로에게 이 긍정적인 말을 하세요.

"나는 내가 받고 싶은 대로 남을 대합니다.
나의 타인에 대한 사랑과 수용은
거울처럼 나에게 반영됩니다."

인간의 사고방식으로 인해 제한받는 것을 거부하세요. 당신의 삶은 사랑과 기쁨으로 가득할 수 있습니다. 왜냐하면 당신의 직업은 신의 뜻이기 때문입니다. 직장에 가기 전 매일 스스로에게 말해보세요.

"어디에 있든 간에
무한한 선이 있고, 무한한 지혜가 있으며,
무한한 조화가 있고, 무한한 사랑이 있습니다."

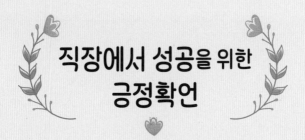

직장에서 성공을 위한
긍정확언

내 기쁨은
내 재능과 능력을 표현할 수 있게 해주며,
이 일을 할 수 있어서 감사합니다.

♥

내가 내 직업에서 찾는 기쁨은
내 총체적인 행복에 반영됩니다.

♥

결정을 내리는 것은 쉽습니다.
새로운 아이디어를 환영하며,
내가 말한 것을 따릅니다.

♥

아침에 일어날 때,
좋은 하루를 기대합니다.
이 기대는 나에게
긍정적인 경험을 할 수 있게 합니다.

♥

완벽한 직장이 나를 찾고 있으며
우리는 하나가 되고 있습니다.

♥

우리는 서로를 축복하고
번영시키기 위해 여기 있다고
진심으로 믿습니다.
나는 일상적인 상호관계에서
이러한 신념을 반영합니다.

♥

나는 건강한 자극을 원합니다.
나는 일하는 동안
휴식 시간에
다른 사람들과 긍정적으로 이야기하며
애정을 가지고 듣습니다.

♥

난 다른 사람들 앞에서 대화하는 것에
편안함을 느낍니다.
나는 나 자신에게 자신감이 있습니다.

♥

일을 하다 문제를 마주치면,
도움을 청하려고 합니다.

♥

일하는 동안 좋은 기분을 만들어냅니다.
나는 우주를 주관하는 법칙이 있음을 깨닫고,
내 삶의 모든 영역에서 이 법칙과 함께 일합니다.

♥

내 일에서 최선을 다할 때,
다양한 방식으로 보상을 받을 수 있다는 것을
알고 있습니다.

♥

새로운 일을 시작할 때,
완벽한 자리가 쉽게 나타날 것입니다.

♥

한계는 단지 성장의 기회일 뿐입니다.
나는 그걸 성공의 디딤돌로 쓸 것입니다.

♥

기회는 어디에든 있습니다.
나에게는 다양한 선택의 여지가 있습니다.

♥

나는 내 영화의 주인공이며
동시에 작가이며 감독입니다.
나는 나의 직장 환경에서
멋진 역할을 나를 위해 만들었습니다.

♥

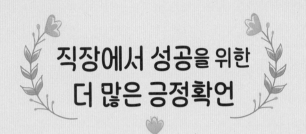

직장에서 성공을 위한 더 많은 긍정확언

나는 권한을 손쉽게 다루며,
언제나 존중받습니다.

♥

협업은 인생의 목적 중 하나입니다.
나는 함께 일하는 사람들을 사랑합니다.

♥

나는 성공적인 경력을 가질 자격이 있으며,
그걸 인정합니다.

♥

오늘 나는 일하는 동안
내가 진심으로 관심있는 사람들과 마주칩니다.

♥

직장은 내가 최고의 잠재력을
발휘하도록 도와줍니다.
나는 모든 분야에서 성공합니다.

♥

나는 다른 사람들에게
격려와 긍정적인 피드백을
아주 잘 합니다.

♥

나는 무한한 잠재력을 가지고 있으며,
좋은 일만 내 앞에 펼쳐집니다.

♥

직장은 내가 있을 만한 즐거운 곳입니다.
동료들 사이에는 상호 존중이 있습니다.

♥

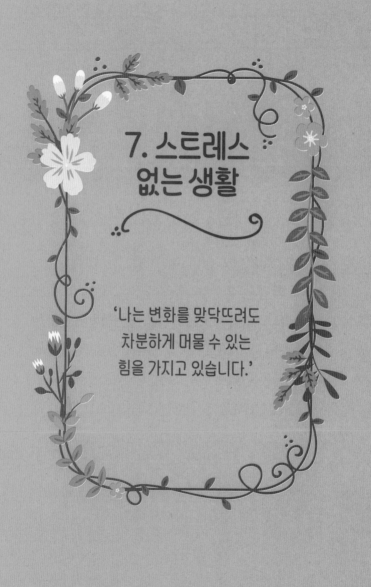

7. 스트레스
없는 생활

'나는 변화를 맞닥뜨려도
차분하게 머물 수 있는
힘을 가지고 있습니다.'

지금 당신은 자신의 삶을 즐기거나 또는 즐기지 못하거나 둘 중 하나일 것입니다. 지금 이 순간 당신이 몸에서 느끼는 감정은 오늘과 내일의 경험을 만드는 것입니다. 만약 당신이 작은 일에도 과도하게 스트레스를 받고, 작은 문제를 크게 만든다면, 내면의 평화를 찾을 수 없을 것입니다.

요즘 우리는 스트레스에 대해 많이 이야기합니다. 모두들 뭔가에 스트레스를 받고 있는 것 같습니다. 스트레스라는 말은 유행어가 되었습니다.

"나는 너무 스트레스 받아." "이건 정말 스트레스인데?" "이건 모두 스트레스, 스트레스, 스트레스야!" 이렇게 스트레스라는 말은 마구 소비됩니다.

나는 스트레스가 인생이 계속 변화하는 것이 두려워서 나오는 반응이라고 생각합니다. 우리는 종종 감정에 대해 책임을 져야 합니다. 그러니 그걸 피하려는 핑계로 스트레스를 느끼곤 합니다. 만약 우리가 누군가에게 잘못을 추궁한다면 우리는 무고한 희생자가 될 수 있습니다. 희생자가 되면 유쾌하지 않을 뿐더러 상황을 바꿀 수도 없습니다.

우리는 자주 우선순위를 혼동해서 자신을 스트레스에 몰아넣습니다. 우리 중 많은 사람들은 돈이 우리 삶에서 가장 중요한 것이라고 생각합니다. 이것은 사실이 아닙니다. 우리에게는 더 중요하고 귀중한 것이 있습니다.

그것은 호흡입니다. 우리의 호흡은 우리 삶에서 가장 귀중한 요소입니다. 그런데 우리는 숨을 내쉴 때 다음 숨이 있을 것이라고 당연히 생각합니다. 우리가 또 다른 숨을 쉬지 않으면 3분도 못 버틸 것입니다. 우리를 창조한 전지전능한 힘이 우리가 살 수 있도록 충분한 숨을 줬다면, 우리가 필요로 하는 다른 모든 것 역시 받는다고 믿을 수는 없을까요? 삶이 작은 문제들을 다 처리해 줄 것을 믿을 때, 스트레스는 사라져 갑니다.

당신은 부정적인 생각이나 감정에 시간을 낭비할 필요가 없습니다. 왜냐하면 당신이 원치 않는 것을 말하면 정말 그대로 이루어지기 때문입니다. 당신이 긍정확언을 하고 있지만 원하는 결과를 얻지 못하고 있다면, 하루 중 얼마나 자주 나쁜 기분이 들거나 화가 나는지를 확인해보세요. 이러한 감정들이 아마도 당신을 난감하게 만들고, 긍정확언한 대로 이루어

지는 것을 늦추며, 좋은 기운의 흐름을 막는 요인이
될 수 있습니다.

당신이 얼마나 스트레스를 받고 있는지 알게 되
면, 무엇이 당신을 두렵게 만드는지 스스로에게 물
어보세요. 스트레스는 그냥 두려움일 뿐입니다, 그렇
게 간단합니다. 당신은 인생이나 자신의 감정을 두려
워할 필요가 없습니다. 당신 안에서 두려움을 만들어
내는 것이 무엇인지 찾아보세요. 당신 내면의 목표는
기쁨, 조화, 평화입니다. 조화란 자신과 평화롭게 지
내는 것입니다. 스트레스와 내면의 조화는 동시에 일
어날 수 없습니다. 당신이 평화로운 상태라면 당신은
한 번에 한 가지씩 일을 합니다. 당신은 일에 집중하
며, 일들이 당신을 지배하지 않게 합니다.

스트레스를 받을 때는 깊게 숨을 들이마시거나
기분전환을 위해 빠른 걸음걸이로 산책해보세요. 자
신에게 긍정적으로 말해보세요.

"나는 내 세상에서 유일한 힘이고,
평화롭고, 사랑스럽고, 즐거운
이 행복한 삶을 만들어낸다."

당신은 안전한 삶을 살고 싶습니다. 스트레스와 같은 작은 단어에 많은 의미를 부여하지 마세요. 몸에 긴장을 만드는 핑계로도 사용하지 마세요. 사람이나 특정 장소나 물건들이 당신보다 더 큰 힘을 가지고 있지 않습니다. 당신은 당신 안에서 유일하게 생각하는 사람이고, 당신의 생각이 당신의 삶을 만들어냅니다.

그러니까 스스로는 기분 좋은 생각을 하도록 훈련시키세요. 그러면 항상 기쁨 속에서, 기쁨으로부터 삶을 창조할 수 있습니다. 기쁨은 항상 더 많은 기쁨을 가져옵니다.

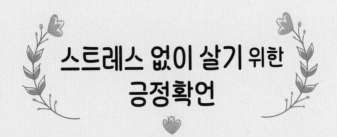

스트레스 없이 살기 위한
긍정확언

모든 두려움과 의심을 내려놓으니,
삶은 나에게 간단하고 쉬워집니다.

♥

나를 위해
스트레스가 없는 세상을 만들어갑니다.

♥

목 근육을 완전히 이완시키고
어깨의 긴장을 풀어줍니다.

♥

천천히 숨을 들이마시고 내쉬며,
각 호흡마다 더 이완되고 편안해지는 것을
느낍니다.

♥

나는 능력 있는 사람이며,
어떤 문제도 잘 처리할 수 있습니다.

♥

나는 중심에 위치하고 집중합니다.
매일매일 더 편안하게 느껴집니다.

♥

나는 온화하고
감정적으로 균형 잡힌 상태입니다.

♥

나는 나 자신은 물론이고,
다른 사람들과 편안한 관계를 가지고 있습니다.

♥

내 감정을 표현할 때
편안하다고 느낄 수 있습니다.
어떤 상황에서도 평온할 수 있습니다.

♥

나는 친구, 가족, 동료들과
멋진 관계를 맺고 있습니다.
나는 감사를 받습니다.

♥

현재 나의 재정 상황에 만족합니다.
항상 마감에 맞춰 각종 공과금을 낼 수 있습니다.

♥

재정적으로 안정적이어서
미래에 대해 긍정적으로 생각할 수 있습니다.

♥

나는 항상 사랑이 넘치는
행복한 분위기 속에 있습니다.
집에서든 직장에서든 그렇습니다.

♥

문제가 발생할 경우
그날로 스스로 처리할 수 있는 믿음이 있습니다.

♥

스트레스는 그저 두려움일 뿐이라는 것을
지금 깨닫습니다.
이제 모든 두려움을 내려놓습니다.

♥

어린 시절의 불안과 두려움을 버립니다.
나는 편안하고 자신감 있는 인간입니다.

♥

긴장감을 느낄 때
내 몸의 모든 근육과 장기를 이완시키기 위해
노력합니다.

♥

내 몸과 마음에 자리 잡은
모든 부정적인 것들을 내려놓습니다.

♥

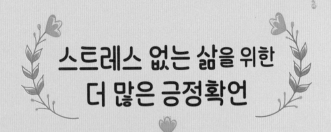

스트레스 없는 삶을 위한 더 많은 긍정확언

나는 내 삶의 모든 영역에서
긍정적인 변화를 이뤄내고 있습니다.

♥

나는 변화에 직면했을 때
차분하게 대처하는 힘을 가지고 있습니다.

♥

나는 배우기를 원합니다.
배우면 배울수록 더 성장합니다.

♥

나이가 어떻게 되었든 항상 더 배울 수 있으며,
자신감을 가지고 그렇게 합니다.

♥

나는 정기적으로 명상하고
이 실천에서 혜택을 누립니다.

♥

눈을 감고 긍정적인 생각을 하며
착한 기운을 들이마시고 내쉽니다.

♥

I CAN do IT

8. 자존감

"나는 삶을 통해 움직이며
내가 안전하다는 걸
알고 있습니다.
최고로 보호받고
안내됩니다."

자신에 대한 부정적인 생각을 가지고 있다면 좋은 자존
감을 갖기 어렵습니다.

자존감은 단지 자신에 대해 좋은 느낌을 갖기만
하면 되는 것이며, 자신감을 키울 때 발전합니다. 자
신감과 자존감은 상호작용하는 것입니다. 한 번 리듬
을 타면 거의 모든 것을 성취할 수 있습니다.

자존감은 당신이 자신에 대해 생각하는 것이기

때문에, 당신은 원하는 대로 어떤 생각이든 가질 자유가 있습니다. 그런데도 왜 자신을 비하하고만 싶을까요?

당신은 극도로 자신감이 넘치게 태어났습니다. 당신은 이 세상에 올 때 자신이 얼마나 훌륭한 존재인지 알고 있었습니다. 작은 아기일 때 당신은 완벽했습니다. 당신은 아무것도 할 게 없습니다. 이미 당신은 완벽하고 마치 이 사실을 알고 있는 것처럼 행동했습니다. 당신은 우주의 중심이라는 것을 인지하고 있었습니다. 원하는 것을 달라고 할 때 거리낌도 없었습니다. 맘껏 감정을 표현했습니다. 당신이 화날 때 당신의 엄마는 그것을 알았고, 사실 이웃 사람들도 알았습니다. 그리고 당신이 행복할 때, 당신의 미소가 방 전체를 밝혀주었어요. 당신은 사랑과 자신감으로 가득 차 있었습니다.

아기들은 사랑을 받지 못하면 정상적으로 살아갈 수 없습니다. 어른이 되면서 우리는 사랑 없이도 살아가는 법을 배우지만, 아기는 그럴 수 없습니다. 아기들은 자신들 몸의 모든 부분을 사랑하며, 자신들의 배변까지도 사랑합니다. 그들은 어떠한 죄책감도, 수치심도, 비교도 없습니다. 아기들은 자신들이 독특하고 훌륭하다는 것을 알고 있으니까요.

당신은 그랬었습니다. 그러나 어린 시절, 부모는 당신에게 자신들의 불안한 감정을 전달하면서, 불완전함과 두려움에 대한 감정을 가르쳐주었습니다. 그 순간부터 당신은 자신의 위대함을 부인하기 시작했습니다. 이러한 생각과 감정은 절대 사실이 아니고 지금도 마찬가지입니다. 그래서 나는 거울요법을 통해서 당신 자신을 사랑할 수 있는 그 때로 돌려보내고 싶습니다.

거울요법은 간단하면서도 매우 강력합니다. 말그대로, 자신의 긍정적인 자기계발 성격의 글을 써서

거울 앞에서 읽으면서, 거울에 비친 자신의 모습을 통해 진정한 감정을 확인할 수 있습니다. 어린 시절, 우리는 대부분 부정적인 메시지를 어른들로부터 받았습니다. 그들은 우리를 똑바로 보고 손가락을 흔들면서 말했습니다. 오늘날 대부분의 사람들은 거울을 보면서 부정적인 말을 합니다. 외모를 비하하거나 다른 일로 인해 우리 자신을 비난합니다.

자신의 눈을 바라보며 긍정확언을 하는 것은 긍정적인 결과를 얻는 가장 빠른 방법 중 하나입니다. 나는 사람들이 거울을 지나칠 때마다 자신을 바라보고 긍정적인 말을 했으면 좋겠습니다.

만약 일과 중에 불쾌한 일이 발생하면 즉시 거울 앞에 가서 말하세요.

"어떤 일이 있어도 난 널 사랑해."

사건들은 오고 가지만, 자신에 대한 사랑은 지속적일 수 있으며, 인생에서 가장 중요한 특성입니다. 놀라운 일이 일어날 때, 거울 앞으로 가서 말하세요.

"고마워."

이 훌륭한 경험을 만들어내 보세요.

아침에 가장 먼저 하고 저녁에 마지막으로 할 일
은 거울 속의 자신의 눈을 바라보며 이렇게 말하는
것입니다.

"난 너를 사랑해. 진짜 사랑해. 너를 있는 그대로
받아들일게."

처음에는 어려울 수 있지만, 계속하면 곧 이 긍정
적인 말이 실제로 사실대로 될 겁니다. 그것은 재미
있을 겁니다.

자기 사랑이 커질수록 자존감도 커질 것이고, 필
요한 변화를 만들어내는 것이 더 쉬워진다는 걸 알게
될 것입니다. 그것들은 당신을 위해 바람직한 것들입
니다. 사랑은 결코 외부에 있지 않습니다. 그것은 언
제나 당신 안에 있으니까요. 당신이 사랑스러워질수
록 당신은 더 사랑받을 만한 사람이 될 것입니다.

그래서 자신에 대해 생각을 바꾸고 새로운 말을 해줘야 합니다. 당신 자신은 아주 훌륭하고 삶이 주는 모든 좋은 것들을 받을 자격이 있다고요.

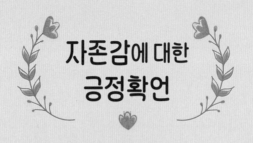

자존감에 대한 긍정확언

나는 어느 상황에서든
완전히 적응합니다.

♥

나는 내 자신에 대해 좋게 생각하기로 합니다.
나는 자신을 사랑할 충분한 가치가 있습니다.

♥

나는 내 발로 서서
내 힘을 받아들이고 사용합니다.

♥

내가 나 자신을 위해 말하는 건
두려운 일이 아닙니다.

♥

다른 사람들의 말이나 행동은 중요하지 않습니다.
내가 어떻게 반응하고,
내 자신을 어떻게 믿는지가 중요합니다.

♥

깊게 숨을 들이쉬고 내 자신의 긴장을 풀어줍니다.
나의 몸은 차분하게 가라앉습니다.
나는 여기 지금 있는 그대로
사랑받고 받아들여집니다.

♥

나는 사랑과 수용의 눈으로 세상을 봅니다.
내 세상에서는 모든 게 잘 됩니다.

♥

내가 나를 존경하기 때문에
나의 자존감은 높습니다.

♥

나는 기꺼이
힘든 일이나 고통에서 벗어날 수 있습니다.
나는 좋은 것을 받을 자격이 있습니다.

♥

내 삶은 매일 더 멋진 방향으로 향합니다.
새로운 시간마다 무엇을 가져올지 기대합니다.

♥

나는 너무 작지도, 너무 많지도 않으며,
누구에게도 그걸 증명할 필요가 없습니다.

♥

오늘, 아무도 나를 짜증나게 하거나
괴롭힐 수 없습니다.
나는 평화로운 상태를 선택합니다.

♥

나는 빛나는 존재입니다.
삶을 최대한으로 즐기며 살아갑니다.

♥

문제가 있어도 나는 해결책을 찾을 수 있다는
확신을 가지고 있습니다.

♥

삶은 내게
모든 가능성을 제공합니다.

♥

내 의식은 건강하고 긍정적이며
사랑스러운 생각으로 가득 차 있습니다.
이 생각들은 내 경험에 반영됩니다.

♥

나는 안전하며, 신성하게 보호받으며
인도받는다는 사실을 알고 삶을 살아갑니다.

♥

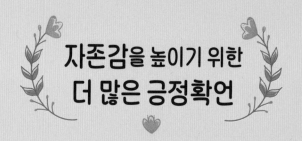

자존감을 높이기 위한
더 많은 긍정확언

나는 다른 사람들을 그들 자체로 받아들이고
그들도 나를 받아들입니다.

♥

나는 멋지고 기분이 좋습니다.
내 삶에 감사합니다.

♥

오늘은 내가 살아갈 수 있는 유일한 시간입니다.
나는 그것을 즐기기로 합니다.

♥

나는 자존감, 힘, 그리고 자신감을 가지고
삶을 쉽게 헤쳐 나갈 수 있습니다.

♥

나에게 줄 수 있는 가장 큰 선물은
무조건적인 사랑입니다.

♥

나는 나 자신을 있는 그대로 사랑합니다.
나는 더 이상 완벽해지기를 기다리지 않고
나 자신을 사랑합니다.

♥

맺음말

긍정확언을 마친 후에는 그것들을 놓아주어야 합니다. 당신은 원하는 것을 정했습니다. 생각과 말로 확인하였습니다. 이제 그것들을 우주에 널리 퍼뜨려야 합니다. 그렇게 함으로써 생명의 법칙이 그것들을 당신에게 가져다 줄 수 있습니다.

만약 긍정확언이 어떻게 이루어질지 걱정되고 불안하다면 당신은 그 완성과정을 지연시키는 격입니다. 긍정확언의 법칙이 어떻게 작동하는지 알아내는 것은 당신의 할일이 아닙니다. 당신은 당신이 무언가를 가지고 있다고 선언하고, 그러면 우주가 그것을 당신에게 가져다주기를 기대합니다. 우주는 당신보다 훨씬 더 똑똑하며, 긍정확언을 이루어내는 모든 가능한 방법을 알고 있습니다. 늦어지고 이루어지지 않는 이유는 당신 자신이 그것을 받을 자격이 없기 때문입니다. 그게 아니면 당신의 믿음이 긍정확언을 압도할 정도로 강력하여 그것들을 무효화시키기 때문일 겁니다.

만약 "내 수입이 증가하고 있다"라고 선언했지만 실제로 그렇게 되지 않는다면, 아마도 과거에 내재된 자신이 잘 되기를 바라지 않는 믿음이 있었기 때문일 수도 있습니다. 아니면 가족이 돈에 대해 강한 부정적인 인식을 가지고 있어서 그 믿음을 받아들였을 수도 있습니다.

어린 아이들은 매우 순종적이어서 부모님의 인생에 대한 믿음을 받아들이고, 평생 그 아래서 살려고 합니다. 믿음을 실제로 확인하고 시험해보기 전까지는 그렇습니다.

당신의 어머니나 아버지가 계속해서 "오, 돈은 정말 벌기 어렵군!"이라고 말했을 수도 있습니다. 그러니 그러한 믿음이 여전히 당신의 의식 속에 남아있는 것입니다. 만약 그렇게 믿는다면, 우주는 그 생각을 버리기 전까지는 많은 수입을 가져다주지 않습니다.

나는 종종 사람들에게 그들 가족의 신념이 다양한 문제에 대해 어떻게 작용하는지 살펴보라고 말합니다. 부유함이 당신의 문제라면, 큰 종이를 꺼내와서 어릴 때 가족이 돈에 대해 말했던 모든 말들을 적어보세요. 부정적인 발언이 있다면 (이것들은 모두 가족 구성원들을 위한 확언입니다.) 그런 부정적인 신념을 긍정확언으로 바꾸는 것이 당신의 임무입니다. 부모님의 부정적인 확언들의 압제에서 자유를 찾아내면, 삶의 모든 영역에서 풍요로움이 흘러 들어오는 것을 경험할 수 있을 것입니다. 어떠한 실패에도 좌절하지 마세요. 당신은 새로운 과정을 배우고 있습니다. 익숙해지면, 당신의 삶은 점점 더 쉬워질 것입니다.

기억하세요.

현재 순간이 엄청나게 멋지더라도,
미래는 그보다 더 충만하고 기쁠 수 있습니다.

우주는 항상 우리가 생각을
우주의 법칙에 맞출 때까지 웃으며 기다립니다.
우리가 조화를 이룰 때,
모든 것이 순조롭게 흘러갑니다.
이건 얼마든지 가능한 일이기에
당신은 할 수 있습니다.

저도 할 수 있습니다.
우리 모두 할 수 있습니다. 노력해 보세요.

그렇게 하면 당신은 매우 기쁠 것이고,
당신의 세계 전체가 더 좋게 변화할 것입니다.

번역자의 말

루이스 헤이와 나의 인연은 10년 전으로 거슬러 올라갑니다. B출판사에서 그림책 하나를 주면서 저에게 번역을 의뢰했습니다. 쉬운 내용인 줄 알고 가볍게 응했다가 몇몇 심오한 부분은 영어 잘 하는 딸에게 물어보기까지 해야 했습니다. 그만치 루이스 헤이의 책은 인생의 깊은 곳을 건드리며 우리에게 희망과 용기의 울림을 주고 있습니다.

사람은 누구나 모든 가능성을 가지고 이 세상에 옵니다. 저 역시 마찬가지입니다. 하지만 성장하면서 정신적으로, 육체적으로 상처를 입으며 삶의 무게에 시달립니다. 그러다 결국은 아무것도 할 수 없는 무기력한 상태가 되고 맙니다. 참으로 안타까운 일입니다.

루이스 헤이는 그런 우리에게 초심을 찾게 해줍니다. 그리고 삶을 보는 프레임을 다르게 제시합니다. 긍정확언은 자신에게 주는 주문이고, 세상에 널리 외치는 나의 존재감입니다. 부단히 외치고 나에게 말해주면 어느새 인생이 변합니다. 그런 면에서 이 책《아이 캔 두 잇》은 귀한 책입니다.

낮아진 자존감을 높이고 인생의 문제에 다시 도전하게 하며 우주의 기운을 받을 수 있는 열쇠가 되는 이 책을 번역하면서 저는 제가 루이스 헤이를 선택한 게 아니라 그녀가 저를 선택했다는 느낌을 강하게 받았습니다. 소아마비 장애로 우울해하던 소년이 이제 우리나라에서 가장 많은 책(350여권)을 발간하고 가장 많은 판매고(500만부)를 기록하며 전국에 강연(연 350회)을 할 수 있는 건 결코 기적이 아닙니다.

이제 독자 여러분의 차례입니다. 이 책을 읽고 긍정확언을 나의 영혼에 단비처럼 뿌려준다면 오래지

않아 당신은 변할 것입니다. 그리고 어떤 도전이 와
도 힘차게 외칠 것입니다.

"아이 캔 두 잇!"

2023. 가을 연남동 노모 곁에서

고정욱

아이 캔 두 잇

초판 1쇄 인쇄 2024년 1월 29일
초판 1쇄 발행 2024년 2월 7일

지은이 | 루이스 헤이
옮긴이 | 고정욱

펴낸이 | 엄남미
펴낸곳 | 케이미라클모닝
편집 | 김재익
디자인 | 필요한 디자인
표지 일러스트 | 조안나

등록 | 2021년 3월 25일 제2021-000020호
주소 | 서울 동대문구 전농로 16길 51, 102-604
이메일 | kmiraclemorning@naver.com
전화 | 070-8771-2052

ISBN 979-11-92806-12-9 03190